Philippe Schuwer et Dan Grisewood

ont créé cette collection.

Laure Chémery, climatologue, a écrit ce livre.

Daniel Sassier et Véronique Herbold

ont coordonné l'édition.

Anne Boyer a dirigé les illustrateurs :

Jean-Marie Poissenot, Jean-Noël Rochut,

Amato Soro, Étienne Souppart et Valérie Stetten.

Bruno Le Sourd a réalisé

les esquisses et la maquette.

Claudine Ridouard a assuré la fabrication

et Françoise Moulard la correction.

MA PREMIÈRE ENCYCLOPÉDIE

Distributeur exclusif au Canada :
Messageries ADP, 1751 Richardson, Montréal.
ISSN : en cours d'attribution.
ISBN 2-03-651813-3
Réalisation PAO : Bruno Le Sourd
Photogravé par Euresys, Paris.
Imprimé par G. Canale & C. S.p.A., Turin
Dépôt légal : september 1996.

Imprimé en Italie (Printed in Italy)
651813-05
10074315 (II) 13 (CSBTS 170°) mars 2000

Le temps qu'il fait

LAROUSSE

17 RUE DU MONTPARNASSE 75298 PARIS CEDEX 06

Entrons dans ce livre

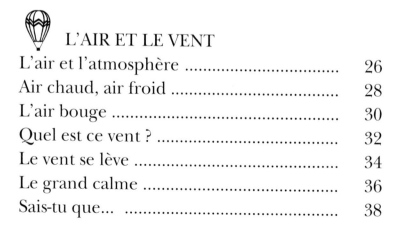

LA PLUIE, LA NEIGE...

LES COLÈRES DU CIEL

PRÉVOIR LE TEMPS

Le temps

et les saisons

☁ Quel temps fait-il ?

Ce matin, le Soleil brille ; l'air est calme
et doux. Soudain, le vent se lève et apporte
des nuages. Le ciel se couvre. Il fait plus frais
et la pluie commence à tomber.
Dans l'après-midi, le vent chasse les nuages
et le Soleil réapparaît.

Il fait beau ou il pleut ;
le vent souffle ou l'air est calme ;
il fait chaud ou froid, frais ou doux.
C'est cela, le temps.
Il change sans arrêt, au fil des heures,
des jours, des mois.

☁ Le jour et la nuit

Tous les jours, le Soleil se lève et se couche.
Mais, dans nos régions, selon l'époque
de l'année, la nuit est plus longue que le jour
ou le jour est plus long que la nuit.

En hiver, la nuit est plus longue que le jour.
Le Soleil n'est jamais très haut dans le ciel
et il se couche tôt.
À l'heure du dîner, la lumière est allumée.
Dehors, il fait froid.

En été, le jour est plus long que la nuit.
Le Soleil, qui est monté très haut
dans le ciel à midi, a apporté beaucoup
de chaleur. Le soir, il fait encore très doux
et on peut dîner dehors.

Le Soleil éclaire et réchauffe la Terre.
Sans lui, notre planète serait un monde glacé,
plongé dans le noir.

 Le printemps

Au tout début du printemps,
les jours durent aussi longtemps que les nuits,
puis ils rallongent. Le Soleil monte chaque jour
un peu plus haut dans le ciel. La douceur
revient, mais il peut encore faire très frais.
Les nuages et le Soleil jouent à cache-cache.
De courtes pluies, les giboulées,
tombent souvent.

La nature s'éveille.
Au printemps, les fleurs sortent de terre,
les arbres se couvrent de bourgeons
et de feuilles, les petits
des animaux naissent.

 L'été

En été, les jours sont longs
et les nuits sont courtes. Le Soleil monte haut
dans le ciel et il peut faire très chaud.
Pour beaucoup de gens, l'été est la saison
des vacances. Au bord de la mer, les plages
sont envahies. Parfois, des orages
violents éclatent.
Puis le beau temps
et la chaleur
reviennent.

Les fleurs du printemps ont donné des fruits ;
les épis de blé sont mûrs.
C'est le temps des récoltes.
Beaucoup d'insectes qui ont besoin de chaleur
– papillons, abeilles ou libellules –
volent dans le ciel d'été.

15

☁ L'automne

En automne, les jours deviennent
plus courts que les nuits.
Le Soleil monte moins haut dans le ciel
et il fait de plus en plus frais.
Certains jours, des nuages gris envahissent
le ciel et il pleut pendant des heures.
Il faut sortir les bottes et les imperméables.
Les arbres perdent leurs feuilles.
Des coups de vent forts
se lèvent soudain
et les emportent au loin.

Certains fruits, comme le raisin
ou les châtaignes, se récoltent en automne.
Les champignons aussi. L'écureuil et beaucoup
d'autres animaux font des réserves de nourriture.
Les petits qui sont nés au printemps sont assez
forts pour affronter la mauvaise saison.

 L'hiver

En hiver, les nuits sont longues
et les jours sont courts, car le Soleil se lève tard
et se couche tôt. Même à midi, il n'est pas
très haut dans le ciel et ses rayons réchauffent
mal l'air qui nous entoure.
Parfois, quand il fait très froid,
les gouttes de pluie se transforment
en flocons : il neige.

Dehors, pour se protéger du froid,
il faut s'habiller chaudement.
Les plantes se reposent
et de nombreux animaux
dorment dans leur abri.

☁ Deux grandes saisons

Il existe des pays dans le monde
où il ne pleut pas pendant plusieurs mois
de suite. Il y a de moins en moins d'eau
dans les rivières. Les plantes jaunissent.
Le vent soulève la poussière.
Ici, sur les rizières en terrasses, la terre
est desséchée et se craquelle.
Sans eau, le riz ne peut pas pousser.
C'est la saison sèche. Heureusement,
elle ne dure pas tout le temps.

Car chaque année, à la même époque,
le ciel se couvre de gros nuages, et bientôt
de fortes pluies commencent à tomber.
Pendant plusieurs semaines, l'eau se répand
sur la terre, remplit les rizières.
C'est la saison des pluies.
Les agriculteurs travaillent
dans les champs :
ils préparent les récoltes.

⛅ Très chaud, très froid

Dans certaines régions,
il fait toujours chaud
et il pleut chaque jour.
Les plantes restent vertes
toute l'année.
De grands arbres
poussent dans d'immenses forêts.
Ici, la saison chaude et humide
ne s'arrête jamais.

Dans d'autres régions, au contraire,
le Soleil ne monte jamais très haut dans le ciel
et n'apporte pas beaucoup
de chaleur. Même en été,
il reste des plaques
de neige et de glace.
Les plantes poussent mal
dans ces pays du froid.

Sais-tu que ...

« Après la pluie, le beau temps ».
Cette expression dit bien que, dans nos régions,
le temps change sans arrêt.

Deux fois dans l'année, aux équinoxes,
la journée est aussi longue que la nuit.
L'équinoxe d'automne a lieu le 22 ou
le 23 septembre et l'équinoxe de printemps
le 20 ou le 21 mars.

La journée la plus longue de l'année
– et donc la nuit la plus courte – a lieu le 21
ou le 22 juin : c'est le solstice d'été. La journée
la plus courte de l'année – et donc la nuit
la plus longue – a lieu le 21 ou le 22 décembre :
c'est le solstice d'hiver.

Dans nos régions, il y a quatre saisons :
le printemps, de fin mars à fin juin,
l'été, de fin juin à fin septembre, l'automne,
de fin septembre à fin décembre,
et l'hiver, de fin décembre à fin mars.

L'air

et le vent

L'air et l'atmosphère

Nous vivons dans l'air,
nous le respirons.
Nous y sommes si habitués
que nous n'y pensons pas.
Pourtant, l'air pèse sur nous.
Regarde :
le ballon gonflé d'air
est plus lourd
que le ballon vide.
Et quand le vent souffle,
nous sentons l'air.

Une fine
couche d'air
enveloppe la Terre :
c'est l'atmosphère,
avec ses nuages et ses vents.
Quand on la quitte, on part vers le vide
de l'espace noir. Il n'y a plus d'air et on ne peut
pas respirer. Lorsqu'ils sortent de leur vaisseau
spatial, les astronautes
doivent porter
un scaphandre.

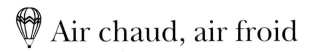 # Air chaud, air froid

Quand les rayons du Soleil
sont forts, l'air devient
très chaud. C'est le temps
des vêtements légers,
faciles à enfiler et à enlever,
des bains en plein air,
et des glaces...

Lorsque les rayons du Soleil
sont faibles, l'air peut être
très froid. Il est agréable
de se sécher près du feu,
de boire un chocolat chaud.
Dès que l'on sort,
il faut bien se couvrir.

L'air bouge

L'air chaud, léger, monte.
Au-dessus du radiateur,
il soulève la feuille de papier.
L'air froid, plus lourd,
descend. C'est comme
dans une montgolfière.
Regarde : quand l'air qui
la remplit est assez chauffé,
elle s'envole ; lorsque l'air
se refroidit, elle redescend.

Dehors, l'air bouge
presque sans arrêt. Il monte
et descend, va dans un sens ou dans l'autre.
Parfois, il tourbillonne. L'air qui bouge,
c'est le vent. Certains vents sont doux et lents,
d'autres forts et rapides. De nombreux oiseaux,
comme l'albatros, utilisent
ces grands courants d'air
pour voler.

 # Quel est ce vent ?

Les vents soufflent sur toute la Terre. Ils sont froids quand ils viennent de régions froides, chauds quand ils arrivent de régions chaudes.
Sur la mer, ils se chargent d'eau.
Dans les déserts, ils sont secs.

Les alizés, chauds et humides,
soufflent sur les grands océans. Les marins
aiment ces vents réguliers et rapides.

Dans les déserts, le vent soulève le sable.
Les voyageurs ne voient plus rien et ils doivent
faire très attention.

Les vents qui soufflent sur la mer vont souvent
très vite, car rien ne les freine. Ils courbent
les arbres.

 # Le vent se lève

Aujourd'hui, il y a peu de vent, seulement
une brise légère. La fumée qui monte
dans le ciel est à peine penchée. Les voiliers
n'avancent pas vite sur une mer presque lisse.

Mais le vent se lève... Les voiliers filent
sur la mer qui s'agite. Les arbres frémissent.

Les rafales de vent deviennent de plus en plus fortes. La mer se creuse de vagues. Les petits voiliers ont été remontés sur la plage. Les arbres se courbent sous le vent.

Maintenant, la tempête se déchaîne.
Les vagues s'écrasent sur la plage. Il vaut mieux rester chez soi en attendant que le vent se calme.

 Le grand calme

Certains jours, l'air est immobile.
Aucun souffle n'agite les feuilles des arbres.
On dit qu'il fait lourd. Et c'est vrai :
par temps calme, l'air est plus lourd
que les jours où il y a du vent.

Sur la mer,
lisse comme un miroir,
les voiliers n'avancent pas.
Les marins attendent une légère brise
pour rentrer au port.

Dans le jardin public, tout le monde recherche
un peu de fraîcheur à l'ombre des arbres
ou au bord du bassin.

Sais-tu que...

Quand il fait froid, notre corps perd sa chaleur plus vite et il faut manger davantage pour garder ses forces. Quand il fait chaud, nous perdons de l'eau en transpirant : il faut boire beaucoup pour reconstituer les réserves d'eau de notre corps.

Dans les pays du Nord, les hivers sont longs et souvent très rudes. Quand il fait vraiment trop froid, les enfants n'ont pas le droit de sortir de chez eux et les écoles sont fermées.

Les vents transportent la chaleur des régions chaudes vers les régions froides et le froid des régions froides vers les régions chaudes.

Sur les routes très chauffées, en été, tu vois parfois de l'air qui tremble au-dessus du sol : c'est de l'air chaud qui monte. Les grands oiseaux voient aussi cet air qui monte, même en plein ciel, et ils l'utilisent pour s'élever.

La pluie,

la neige...

⛈ Un nuage se forme

Quand il fait froid et que
tu souffles, un petit nuage
de buée se forme.
Sur la mer, l'air se charge
d'eau, comme une éponge,
mais cela ne se voit pas tout
de suite, car l'eau reste invisible.
Poussé par les vents, cet air humide arrive
au-dessus des terres. Il monte dans le ciel,
se refroidit, et l'eau se rassemble
en minuscules gouttelettes.

Ces gouttelettes forment les nuages qui,
souvent, finissent par cacher le Soleil.
Même lorsqu'ils donnent de la pluie,
les nuages
ne se vident jamais
complètement
de leur eau.

 # Quel est ce nuage ?

Il existe toutes sortes de nuages.
Certains sont très hauts et aussi fins que
des cheveux. D'autres, très épais, montent
comme des colonnes dans le ciel. D'autres
encore forment des couches qui cachent
le Soleil. Il y en a aussi qui ressemblent
à des moutons.

cirrus   cumulo-nimbus

Les nuages fins et très hauts s'appellent
des cirrus ; ils sont formés de glace.
Les nuages en colonne qui montent du sol vers
le ciel sont des cumulo-nimbus. Gare à l'orage !
Les nuages en couches basses, les stratus,
apportent de la pluie. Mais les troupeaux
de cumulus annoncent le beau temps.

stratus   cumulus

🌧 Brouillard et brume

Quand les nuages touchent le sol,
nous nous retrouvons dans le brouillard.
De minuscules gouttelettes d'eau dansent
et tourbillonnent devant nos yeux.
Le paysage nous semble flou, même en ville ;
des halos entourent les lumières.
Nous voyons mal.

La brume est un léger brouillard qui flotte
le soir ou le matin sur les lacs et les rivières.

Par temps de brouillard, les bicyclettes doivent
être bien éclairées pour que les automobilistes
les voient.

Voilà la pluie !

Parfois, les minuscules gouttelettes d'eau
qui forment les nuages se rassemblent,
se collent les unes aux autres. Peu à peu,
elles grossissent et se transforment en gouttes.
Quand les gouttes sont trop lourdes
pour flotter dans l'air, elles tombent : il pleut.

La bruine est une petite pluie fine
qui n'empêche pas d'aller se promener.

L'averse
est une pluie
aux grosses
gouttes serrées.
Elle surprend les passants et s'arrête
aussi vite qu'elle a commencé. Mais il y a aussi
de grosses pluies régulières qui durent
toute la journée.

🌧 L'arc-en-ciel

Lorsqu'elle passe dans un verre rempli d'eau, la lumière du Soleil s'étale souvent en un éventail multicolore. Dans la nature, les rayons du Soleil traversent parfois les gouttes de pluie d'une averse. Un arc-en-ciel apparaît alors.

Pour le voir, tu dois avoir le Soleil derrière toi et les gouttes d'eau de l'averse devant toi.

Connais-tu
les couleurs
de l'arc-en-ciel ?

rouge

orangé

jaune

vert

bleu

indigo

violet

48

De petits arcs-en-ciel apparaissent
aussi dans les gouttes d'eau d'une fontaine
ou d'une cascade.

La grêle

Tout en haut des gros nuages,
il fait très froid.
   Les minuscules gouttes
      d'eau se transforment
   en petites billes de glace.
   Elles grossissent, deviennent
de plus en plus lourdes et tombent si vite
qu'elles n'ont pas le temps de fondre :
il grêle. Les grêlons sont parfois aussi gros
que des œufs. Ils peuvent alors
être très dangereux.

La grêle abîme
les fleurs et les feuilles.
Elle peut détruire
les cultures, cabosser
les voitures.

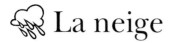# La neige

Il fait froid.
Les gouttelettes
des nuages
se transforment
en cristaux de glace
à six branches.
Ils se rassemblent
et deviennent des flocons de neige.
Quand les flocons tombent sur le sol,
ils recouvrent tout.

Lorsque l'air reste très froid, la neige ne fond pas.
Elle s'entasse en couches parfois très épaisses.
Il faut dégager les routes avec un chasse-neige
et l'entrée des maisons avec des pelles.

Dans les montagnes, en hiver,
la neige s'accumule de plus
en plus. Soudain, une énorme
couche se détache :
c'est une avalanche.
Elle dévale la pente
en emportant tout
sur son passage.

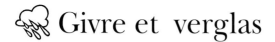 # Givre et verglas

La nuit, il peut faire très froid.
La buée qui s'est déposée
sur le pare-brise de la voiture
a gelé : c'est le givre,
qui dessine de jolis motifs.

Sur le sol, l'eau d'une petite pluie s'est
transformée en glace : attention au verglas !
Les rues et les trottoirs glissent :
ce sont de vraies
patinoires.

La glace et le givre sont lourds.
Quand ils se déposent en grande quantité
sur les fils électriques, ils peuvent les casser.

🌧 L'eau circule partout

Il y a de l'eau partout sur la Terre,
et elle se déplace sans arrêt.
De la mer, par exemple, elle passe dans l'air.
Des nuages se forment.
Lorsqu'il pleut, l'eau retombe dans la mer
ou sur les terres. Là, elle devient ruisseau,
rivière, fleuve, et regagne la mer.
Ce voyage ne s'arrête jamais.

Dans la cuisine aussi,
l'eau circule.
Chauffée dans
la bouilloire,
elle s'évapore.
Sur les vitres,
la vapeur
redevient
de l'eau.

Sais-tu que...

Lorsque l'eau se transforme en vapeur invisible, elle s'évapore. Lorsqu'elle se transforme en glace, elle gèle. Lorsque la glace redevient de l'eau, elle fond.

Les neiges éternelles sont situées dans des montagnes où il fait toujours froid, même en été. La neige tombée ne fond pas. Elle s'accumule, se tasse et se transforme en glace. C'est ainsi que naissent les glaciers. Ce sont comme des fleuves gelés ; ils glissent très lentement.

De l'eau s'évapore du sol, des lacs, des rivières. Et tous les êtres vivants – les plantes et les animaux – transpirent et donnent aussi de l'eau à l'atmosphère.

Les déserts sont des régions au-dessus desquelles les nuages n'arrivent presque jamais. Les pluies y sont donc très rares. Certains déserts sont très chauds, d'autres très froids.

Les colères

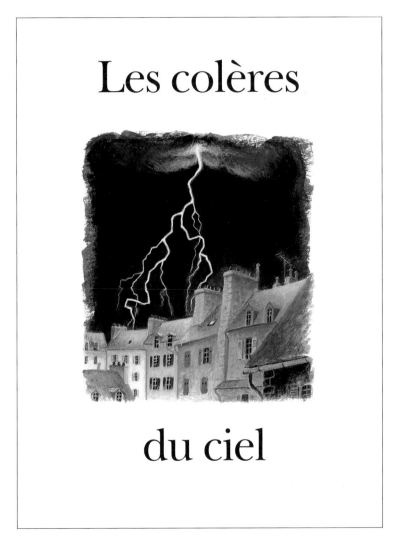

du ciel

⚡ L'orage arrive

En été, lorsqu'il fait très chaud, l'air se charge
d'eau et des nuages se forment rapidement.
Plus le temps passe, plus ils grossissent.
Ils deviennent énormes, très noirs,
et ils envahissent le ciel.
En fin d'après-midi, ces nuages sont tellement
chargés d'eau qu'ils éclatent. De grosses gouttes
de pluie s'abattent sur la terre.
Des éclairs zigzaguent dans le ciel
et le tonnerre gronde.

Lorsque les nuages d'orage ont perdu
une grande partie de leur eau, la pluie s'arrête
de tomber. Les nuages se dégonflent.
Le ciel s'éclaircit, le Soleil réapparaît...

⚡ Éclairs et tonnerre

Lorsqu'un nuage d'orage frôle le sol
ou un autre nuage, une énorme décharge
électrique se produit et nous voyons un éclair.
Cette immense étincelle bouscule l'air
très violemment : on entend alors
le bruit assourdissant
du tonnerre.
Quand nous voyons
des éclairs sans
entendre le tonnerre,
l'orage est loin.

Si l'orage menace,
ne reste pas dans l'eau.

Évite les grands arbres :
ils attirent les éclairs.

Allongé sur le sol,
tu ne risques rien.

Les voitures fermées et les
maisons sont de bons abris.

⚡ Cyclones et tornades

Comme l'eau qui s'écoule dans le lavabo en tournant, les cyclones sont des vents qui tourbillonnent.
Mais ils sont, eux, très violents.
Ils naissent en été, au-dessus des océans, dans les régions chaudes, et tournent de plus en plus vite. Quand ils arrivent sur une côte, les cyclones font de grands dégâts.

Une tornade
ressemble à un petit
cyclone. Elle ne dure
que quelques heures.
Elle est assez forte
pour détruire
des maisons,
arracher des arbres.
Les tornades se forment en été,
sur les terres, quand il fait très chaud.

⚡ Les inondations

Il a plu pendant des jours et des jours.
Les rivières ne peuvent plus contenir
toute cette eau : elles débordent.
L'inondation
recouvre tout.
Il faut quitter
les maisons,
isolées comme
des îles.

Parfois, une énorme pluie fait déborder
une petite rivière. L'inondation est brutale,
violente, très dangereuse, car personne
ne s'y attend..

La grande sécheresse

Depuis plusieurs semaines, le ciel est bleu,
le Soleil brille. Aucune goutte de pluie
n'est tombée. Les rivières sont presque à sec.
La terre est craquelée. Des camions-citernes
apportent de l'eau pour que les animaux
puissent boire. Mais il n'y en a pas assez pour
arroser les plantes, et les cultures sont brûlées
par les rayons du Soleil.

Parfois,
l'eau manque tellement
qu'il est interdit d'arroser les jardins.
Les pelouses jaunissent et les plantes ont soif.

La grande sécheresse rappelle que l'eau
est très précieuse. Sans elle,
la vie est impossible.

Sais-tu que...

⚡ Un cyclone est appelé ouragan
en Amérique, typhon en Chine, willy-willy
en Australie...

⚡ Dans un cyclone, les vents les plus violents
peuvent souffler à plus de 300 kilomètres
à l'heure ; ils vont aussi vite que le TGV,
le train à grande vitesse.

⚡ L'eau est précieuse. Dans certaines
régions, quand la sécheresse dure trop
longtemps, les animaux et les plantes
meurent et les gens n'ont plus rien
à manger. Ils souffrent de la famine.

⚡ Quand il ne pleut pas pendant longtemps,
la végétation se dessèche et le feu prend
facilement dans les broussailles. Il arrive que
de grands incendies durent plusieurs jours.
Ils détruisent les forêts et menacent
les maisons et leurs habitants.

Prévoir

le temps

🌡️🌡️ Observe le temps

Il fait froid ou chaud... L'air est calme ou agité par le vent... La pluie tombe ou le Soleil brille... Amuse-toi à observer le temps.

À midi, en été,
le Soleil monte haut,
et ton ombre
est courte.
En hiver, le Soleil
est plus bas,
et ton ombre
est plus longue.

Quand la température est au-dessus de 0 °C, l'eau est liquide. Quand elle est au-dessous de 0 °C, elle gèle :
la flaque
d'eau
devient
une plaque
de glace.

La pluie arrive : les écailles
de la pomme de pin
se resserrent. L'air est sec :
elles s'écartent.

D'où vient le vent ? Regarde
les branches des arbres.
Elles penchent dans
le même sens que lui.

Quand l'air est léger,
les insectes montent
dans le ciel.
Pour les attraper,
les hirondelles volent haut. Quand il fait lourd,
les insectes redescendent
et les hirondelles aussi.

🌡️🌡️ Lis les instruments

Le thermomètre indique la température
de l'air. Sa colonne de mercure argenté
 ou d'alcool coloré monte
avec la chaleur et descend
avec le froid.

Le pluviomètre
est un entonnoir
qui recueille la pluie.
Il permet de connaître
la quantité d'eau
qui tombe chaque jour.

Le baromètre mesure
le poids de l'air.
Quand l'air est léger,
l'aiguille va vers le beau
temps ; quand il est
lourd,elle va vers
l'orage.

La manche à air indique la force du vent
en se redressant plus ou moins.
Elle montre aussi le sens
dans lequel
il souffle.

La girouette donne la direction
du vent. Il en existe de très jolies,
fixées en haut des maisons
ou des églises.

L'anémomètre mesure
la vitesse du vent,
qui fait tourner
plus ou moins vite
ses petits godets.

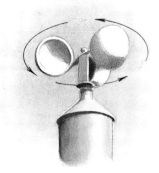

🌡🌡 Ils étudient le temps

Les météorologues sont les spécialistes qui étudient le temps. Pour observer l'air et l'atmosphère, ils se servent de satellites, de ballons, de bouées.

Les météorologues font des calculs compliqués avec de très gros ordinateurs.

À bord des avions et
des bateaux météo,
des instruments
enregistrent aussi
des informations
sur l'air et sur la mer.

Parfois, les météorologues partent
en expédition à l'autre bout de la Terre.
Et, chaque jour, ils lisent les mesures
prises par les instruments
des abris météo.

🌡️ La carte météo

Grâce aux
météorologues,
nous savons quel temps
il fera demain.
Sur les cartes météo,
des dessins très simples
indiquent où il y aura
de la pluie, du soleil,
des vents forts, de la
neige... À la télévision,
on peut même voir
les nuages se déplacer
au-dessus des pays.

Les météorologues
se trompent
parfois,
car
le temps
est très
difficile
à prévoir.

soleil   éclaircie   nuage

pluie   brouillard   orage   vent   neige   température

🌡🌡 Le temps pour tous

Chaud ou froid ? Pluie ou soleil ? Dès que nous sortons, le temps qu'il fait est important.

La météo annonce de la pluie.
Mieux vaut s'équiper
pour ne pas être trempé !

La météo
prévoit
du beau temps.
Attention
aux coups de soleil
sur la plage !

En montagne,
quand l'orage menace,
il faut vite chercher
un abri sûr.

La première neige
est tombée. Les skieurs
sont heureux
de dévaler les pentes.

Des phares propres
éclairent mieux
dans le brouillard.

Vent dans le nez,
il faut pédaler fort ;
vent dans le dos,
on file !

À bord d'un voilier,
un bon vent régulier
est idéal.

🌡🌡 Par tous les temps

Pour tous ceux qui travaillent dehors,
le temps qu'il fait compte énormément.
La pluie, la neige, le verglas, le vent
sont autant de dangers.

Par grand froid,
les chantiers de construction
s'arrêtent. Le béton
risquerait de geler.

Pour les marins,
les tempêtes
sont toujours
redoutables.

Brouillard
et verglas sont
très dangereux
pour les avions.

Quand
il ne pleut pas
pendant longtemps,
les vacanciers
sont contents,
mais les agriculteurs
doivent lutter contre
la sécheresse.

Tous ceux
qui roulent beaucoup,
les chauffeurs routiers,
les conducteurs
de bus, n'aiment
pas la pluie.
Ils risquent
de déraper !

Inondation,
vent violent,
grosse chute de neige...
Les pompiers
interviennent souvent
quand le temps
se déchaîne.

Sais-tu que...

🌡️🌡️ *Lune cerclée, pluie assurée.*
Arc-en-ciel du matin met la pluie en train.
Quand les hirondelles volent haut, le temps sera beau.
Ces dictons étaient très utilisés autrefois, quand
la météorologie n'existait pas. Mais la pluie
et le beau temps n'arrivaient pas toujours
comme prévu.

🌡️🌡️ Dans les pays tempérés, les vents
transportent sans arrêt l'air qui vient
de la mer ou de la terre, des régions chaudes
ou des régions plus fraîches. Quel mélange !
L'atmosphère change sans cesse. C'est pour
cette raison qu'il n'est pas facile de prévoir
le temps trop longtemps à l'avance.

🌡️🌡️ Quand l'air est lourd, les météorologues
parlent d'anticyclone. Lorsqu'il est léger,
ils parlent de dépression. Le vent va du lourd
vers le léger, des anticyclones vers
les dépressions.

Cherchons de A à Z